RESTAURANT REVIEWS

Copyright © Maureen Willis
All Rights Reserved.
No part of this publication can be used or reproduced in any manner whatsoever without written permission except in the case of brief quotations embodied in critical articles and reviews.
First Edition: 2021

This Belongs To:

Cecilia Limonta (My Fav CISO)

Thank you for being the best
choosing places to eat.
OG travels would not be
the same without you.

RESTAURANT

| Cuisine: | Hours: | Price Range: |

First Impressions

_____
_____
_____
_____
_____
_____

★ ★ ★ FOOD ORDERED ★ ★ ★

	☆☆☆☆☆
	☆☆☆☆☆
	☆☆☆☆☆
	☆☆☆☆☆
	☆☆☆☆☆
	☆☆☆☆☆
	☆☆☆☆☆
	☆☆☆☆☆

★★★★★ RATING ★★★★★

Food		☆☆☆☆☆
Service		☆☆☆☆☆
Ambience		☆☆☆☆☆
Cleanliness		☆☆☆☆☆
Authenticity		☆☆☆☆☆
Overall		☆☆☆☆☆

My Overall Thoughts

_____
_____
_____
_____
_____
_____
_____
_____
_____
_____

RESTAURANT

| Cuisine: | Hours: | Price Range: |

First Impressions

★ ★ ★ FOOD ORDERED ★ ★ ★

	☆☆☆☆☆
	☆☆☆☆☆
	☆☆☆☆☆
	☆☆☆☆☆
	☆☆☆☆☆
	☆☆☆☆☆
	☆☆☆☆☆
	☆☆☆☆☆

★★★★★ RATING ★★★★★

Food		☆☆☆☆☆
Service		☆☆☆☆☆
Ambience		☆☆☆☆☆
Cleanliness		☆☆☆☆☆
Authenticity		☆☆☆☆☆
Overall		☆☆☆☆☆

My Overall Thoughts

_____
_____
_____
_____
_____
_____
_____
_____
_____
_____
_____
_____

RESTAURANT

| Cuisine: | Hours: | Price Range: |

First Impressions

_____
_____
_____
_____
_____
_____

★ ★ ★ FOOD ORDERED ★ ★ ★

	☆☆☆☆☆
	☆☆☆☆☆
	☆☆☆☆☆
	☆☆☆☆☆
	☆☆☆☆☆
	☆☆☆☆☆
	☆☆☆☆☆
	☆☆☆☆☆

★★★★★ RATING ★★★★★

Food		☆☆☆☆☆
Service		☆☆☆☆☆
Ambience		☆☆☆☆☆
Cleanliness		☆☆☆☆☆
Authenticity		☆☆☆☆☆
Overall		☆☆☆☆☆

My Overall Thoughts

_____

_____

_____

_____

_____

_____

_____

_____

_____

_____

_____

RESTAURANT

| Cuisine: | Hours: | Price Range: |

First Impressions

_____
_____
_____
_____
_____
_____

★ ★ ★ **FOOD ORDERED** ★ ★ ★

	☆☆☆☆☆
	☆☆☆☆☆
	☆☆☆☆☆
	☆☆☆☆☆
	☆☆☆☆☆
	☆☆☆☆☆
	☆☆☆☆☆
	☆☆☆☆☆

★★★★★ RATING ★★★★★

Food		☆☆☆☆☆
Service		☆☆☆☆☆
Ambience		☆☆☆☆☆
Cleanliness		☆☆☆☆☆
Authenticity		☆☆☆☆☆
Overall		☆☆☆☆☆

My Overall Thoughts

_____
_____
_____
_____
_____
_____
_____
_____
_____
_____
_____

RESTAURANT

| Cuisine: | Hours: | Price Range: |

First Impressions

★ ★ ★ **FOOD ORDERED** ★ ★ ★

	☆☆☆☆☆
	☆☆☆☆☆
	☆☆☆☆☆
	☆☆☆☆☆
	☆☆☆☆☆
	☆☆☆☆☆
	☆☆☆☆☆
	☆☆☆☆☆

★ ★ ★ ★ ★ RATING ★ ★ ★ ★ ★

Food		☆☆☆☆☆
Service		☆☆☆☆☆
Ambience		☆☆☆☆☆
Cleanliness		☆☆☆☆☆
Authenticity		☆☆☆☆☆
Overall		☆☆☆☆☆

My Overall Thoughts

_____
_____
_____
_____
_____
_____
_____
_____
_____
_____
_____
_____

RESTAURANT

| Cuisine: | Hours: | Price Range: |

First Impressions

_____
_____
_____
_____
_____

★ ★ ★ FOOD ORDERED ★ ★ ★

Food	Rating
	☆☆☆☆☆
	☆☆☆☆☆
	☆☆☆☆☆
	☆☆☆☆☆
	☆☆☆☆☆
	☆☆☆☆☆
	☆☆☆☆☆
	☆☆☆☆☆

★★★★★ RATING ★★★★★

Food		☆☆☆☆☆
Service		☆☆☆☆☆
Ambience		☆☆☆☆☆
Cleanliness		☆☆☆☆☆
Authenticity		☆☆☆☆☆
Overall		☆☆☆☆☆

My Overall Thoughts

_____
_____
_____
_____
_____
_____
_____
_____
_____
_____

RESTAURANT

| Cuisine: | Hours: | Price Range: |

First Impressions

_____
_____
_____
_____
_____
_____

★ ★ ★ FOOD ORDERED ★ ★ ★

Item	Rating
	☆☆☆☆☆
	☆☆☆☆☆
	☆☆☆☆☆
	☆☆☆☆☆
	☆☆☆☆☆
	☆☆☆☆☆
	☆☆☆☆☆
	☆☆☆☆☆

★★★★★ RATING ★★★★★

Food		☆☆☆☆☆
Service		☆☆☆☆☆
Ambience		☆☆☆☆☆
Cleanliness		☆☆☆☆☆
Authenticity		☆☆☆☆☆
Overall		☆☆☆☆☆

My Overall Thoughts

_____
_____
_____
_____
_____
_____
_____
_____
_____
_____

RESTAURANT

| Cuisine: | Hours: | Price Range: |

First Impressions

★ ★ ★ **FOOD ORDERED** ★ ★ ★

	☆☆☆☆☆
	☆☆☆☆☆
	☆☆☆☆☆
	☆☆☆☆☆
	☆☆☆☆☆
	☆☆☆☆☆
	☆☆☆☆☆
	☆☆☆☆☆

★★★★ RATING ★★★★★

Food		☆☆☆☆☆
Service		☆☆☆☆☆
Ambience		☆☆☆☆☆
Cleanliness		☆☆☆☆☆
Authenticity		☆☆☆☆☆
Overall		☆☆☆☆☆

My Overall Thoughts

_____
_____
_____
_____
_____
_____
_____
_____
_____
_____

RESTAURANT

| Cuisine: | Hours: | Price Range: |

First Impressions

_____
_____
_____
_____
_____
_____

★ ★ ★ **FOOD ORDERED** ★ ★ ★

Food	Rating
	☆☆☆☆☆
	☆☆☆☆☆
	☆☆☆☆☆
	☆☆☆☆☆
	☆☆☆☆☆
	☆☆☆☆☆
	☆☆☆☆☆
	☆☆☆☆☆

★ ★ ★ ★ ★ RATING ★ ★ ★ ★ ★

Food		☆☆☆☆☆
Service		☆☆☆☆☆
Ambience		☆☆☆☆☆
Cleanliness		☆☆☆☆☆
Authenticity		☆☆☆☆☆
Overall		☆☆☆☆☆

My Overall Thoughts

_____
_____
_____
_____
_____
_____
_____
_____
_____
_____
_____

RESTAURANT

| Cuisine: | Hours: | Price Range: |

First Impressions

___

★ ★ ★ **FOOD ORDERED** ★ ★ ★

	☆☆☆☆☆
	☆☆☆☆☆
	☆☆☆☆☆
	☆☆☆☆☆
	☆☆☆☆☆
	☆☆☆☆☆
	☆☆☆☆☆
	☆☆☆☆☆

★★★★★ RATING ★★★★★

Food		☆☆☆☆☆
Service		☆☆☆☆☆
Ambience		☆☆☆☆☆
Cleanliness		☆☆☆☆☆
Authenticity		☆☆☆☆☆
Overall		☆☆☆☆☆

My Overall Thoughts

_____
_____
_____
_____
_____
_____
_____
_____
_____
_____

RESTAURANT

| Cuisine: | Hours: | Price Range: |

First Impressions

_____
_____
_____
_____
_____
_____

★ ★ ★ FOOD ORDERED ★ ★ ★

	☆☆☆☆☆
	☆☆☆☆☆
	☆☆☆☆☆
	☆☆☆☆☆
	☆☆☆☆☆
	☆☆☆☆☆
	☆☆☆☆☆
	☆☆☆☆☆

★ ★ ★ ★ ★ RATING ★ ★ ★ ★ ★

Food		☆☆☆☆☆
Service		☆☆☆☆☆
Ambience		☆☆☆☆☆
Cleanliness		☆☆☆☆☆
Authenticity		☆☆☆☆☆
Overall		☆☆☆☆☆

My Overall Thoughts

_____
_____
_____
_____
_____
_____
_____
_____
_____
_____
_____

RESTAURANT

| Cuisine: | Hours: | Price Range: |

First Impressions

_____
_____
_____
_____
_____
_____

★ ★ ★ **FOOD ORDERED** ★ ★ ★

Item	Rating
	☆☆☆☆☆
	☆☆☆☆☆
	☆☆☆☆☆
	☆☆☆☆☆
	☆☆☆☆☆
	☆☆☆☆☆
	☆☆☆☆☆
	☆☆☆☆☆

★★★★ RATING ★★★★★

Food		☆☆☆☆☆
Service		☆☆☆☆☆
Ambience		☆☆☆☆☆
Cleanliness		☆☆☆☆☆
Authenticity		☆☆☆☆☆
Overall		☆☆☆☆☆

My Overall Thoughts

_____
_____
_____
_____
_____
_____
_____
_____
_____
_____

RESTAURANT

| Cuisine: | Hours: | Price Range: |

First Impressions

★★★ FOOD ORDERED ★★★

	☆☆☆☆☆
	☆☆☆☆☆
	☆☆☆☆☆
	☆☆☆☆☆
	☆☆☆☆☆
	☆☆☆☆☆
	☆☆☆☆☆
	☆☆☆☆☆

★★★★★ RATING ★★★★★

Food		☆☆☆☆☆
Service		☆☆☆☆☆
Ambience		☆☆☆☆☆
Cleanliness		☆☆☆☆☆
Authenticity		☆☆☆☆☆
Overall		☆☆☆☆☆

My Overall Thoughts

_____
_____
_____
_____
_____
_____
_____
_____
_____
_____
_____

RESTAURANT

| Cuisine: | Hours: | Price Range: |

First Impressions

★ ★ ★ FOOD ORDERED ★ ★ ★

	☆☆☆☆☆
	☆☆☆☆☆
	☆☆☆☆☆
	☆☆☆☆☆
	☆☆☆☆☆
	☆☆☆☆☆
	☆☆☆☆☆
	☆☆☆☆☆

★ ★ ★ ★ ★ RATING ★ ★ ★ ★ ★

Food		☆☆☆☆☆
Service		☆☆☆☆☆
Ambience		☆☆☆☆☆
Cleanliness		☆☆☆☆☆
Authenticity		☆☆☆☆☆
Overall		☆☆☆☆☆

My Overall Thoughts

_____
_____
_____
_____
_____
_____
_____
_____
_____
_____
_____

RESTAURANT

| Cuisine: | Hours: | Price Range: |

First Impressions

_____
_____
_____
_____
_____
_____
_____

★ ★ ★ FOOD ORDERED ★ ★ ★

	☆☆☆☆☆
	☆☆☆☆☆
	☆☆☆☆☆
	☆☆☆☆☆
	☆☆☆☆☆
	☆☆☆☆☆
	☆☆☆☆☆
	☆☆☆☆☆

★★★★★ RATING ★★★★★

Food		☆☆☆☆☆
Service		☆☆☆☆☆
Ambience		☆☆☆☆☆
Cleanliness		☆☆☆☆☆
Authenticity		☆☆☆☆☆
Overall		☆☆☆☆☆

My Overall Thoughts

_____

_____

_____

_____

_____

_____

_____

_____

_____

_____

RESTAURANT

| Cuisine: | Hours: | Price Range: |

First Impressions

★ ★ ★ **FOOD ORDERED** ★ ★ ★

	☆☆☆☆☆
	☆☆☆☆☆
	☆☆☆☆☆
	☆☆☆☆☆
	☆☆☆☆☆
	☆☆☆☆☆
	☆☆☆☆☆
	☆☆☆☆☆

★★★★★ RATING ★★★★★

Food		☆☆☆☆☆
Service		☆☆☆☆☆
Ambience		☆☆☆☆☆
Cleanliness		☆☆☆☆☆
Authenticity		☆☆☆☆☆
Overall		☆☆☆☆☆

My Overall Thoughts

_____
_____
_____
_____
_____
_____
_____
_____
_____
_____
_____
_____

RESTAURANT

| Cuisine: | Hours: | Price Range: |

First Impressions

___

★ ★ ★ **FOOD ORDERED** ★ ★ ★

	☆☆☆☆☆
	☆☆☆☆☆
	☆☆☆☆☆
	☆☆☆☆☆
	☆☆☆☆☆
	☆☆☆☆☆
	☆☆☆☆☆
	☆☆☆☆☆

★ ★ ★ ★ ★ RATING ★ ★ ★ ★ ★

Food		☆☆☆☆☆
Service		☆☆☆☆☆
Ambience		☆☆☆☆☆
Cleanliness		☆☆☆☆☆
Authenticity		☆☆☆☆☆
Overall		☆☆☆☆☆

My Overall Thoughts

_____
_____
_____
_____
_____
_____
_____
_____
_____
_____
_____

RESTAURANT

| Cuisine: | Hours: | Price Range: |

First Impressions

_____
_____
_____
_____
_____
_____

★ ★ ★ FOOD ORDERED ★ ★ ★

	☆☆☆☆☆
	☆☆☆☆☆
	☆☆☆☆☆
	☆☆☆☆☆
	☆☆☆☆☆
	☆☆☆☆☆
	☆☆☆☆☆
	☆☆☆☆☆

★ ★ ★ ★ ★ RATING ★ ★ ★ ★ ★

Food		☆☆☆☆☆
Service		☆☆☆☆☆
Ambience		☆☆☆☆☆
Cleanliness		☆☆☆☆☆
Authenticity		☆☆☆☆☆
Overall		☆☆☆☆☆

My Overall Thoughts

_____
_____
_____
_____
_____
_____
_____
_____
_____
_____
_____
_____

RESTAURANT

| Cuisine: | Hours: | Price Range: |

First Impressions

★ ★ ★ **FOOD ORDERED** ★ ★ ★

	☆☆☆☆☆
	☆☆☆☆☆
	☆☆☆☆☆
	☆☆☆☆☆
	☆☆☆☆☆
	☆☆☆☆☆
	☆☆☆☆☆
	☆☆☆☆☆

★★★★★ RATING ★★★★★

Food		☆☆☆☆☆
Service		☆☆☆☆☆
Ambience		☆☆☆☆☆
Cleanliness		☆☆☆☆☆
Authenticity		☆☆☆☆☆
Overall		☆☆☆☆☆

My Overall Thoughts

_____
_____
_____
_____
_____
_____
_____
_____
_____
_____

RESTAURANT

| Cuisine: | Hours: | Price Range: |

First Impressions

★ ★ ★ **FOOD ORDERED** ★ ★ ★

	☆☆☆☆☆
	☆☆☆☆☆
	☆☆☆☆☆
	☆☆☆☆☆
	☆☆☆☆☆
	☆☆☆☆☆
	☆☆☆☆☆
	☆☆☆☆☆

★ ★ ★ ★ ★ RATING ★ ★ ★ ★ ★

Food		☆☆☆☆☆
Service		☆☆☆☆☆
Ambience		☆☆☆☆☆
Cleanliness		☆☆☆☆☆
Authenticity		☆☆☆☆☆
Overall		☆☆☆☆☆

My Overall Thoughts

_____
_____
_____
_____
_____
_____
_____
_____
_____
_____
_____

RESTAURANT

| Cuisine: | Hours: | Price Range: |

First Impressions

★ ★ ★ FOOD ORDERED ★ ★ ★

	☆☆☆☆☆
	☆☆☆☆☆
	☆☆☆☆☆
	☆☆☆☆☆
	☆☆☆☆☆
	☆☆☆☆☆
	☆☆☆☆☆
	☆☆☆☆☆

★★★★★ RATING ★★★★★

Food		☆☆☆☆☆
Service		☆☆☆☆☆
Ambience		☆☆☆☆☆
Cleanliness		☆☆☆☆☆
Authenticity		☆☆☆☆☆
Overall		☆☆☆☆☆

My Overall Thoughts

_____
_____
_____
_____
_____
_____
_____
_____
_____
_____
_____

RESTAURANT

| Cuisine: | Hours: | Price Range: |

First Impressions

_____
_____
_____
_____
_____
_____
_____

★ ★ ★ FOOD ORDERED ★ ★ ★

	Rating
	☆☆☆☆☆
	☆☆☆☆☆
	☆☆☆☆☆
	☆☆☆☆☆
	☆☆☆☆☆
	☆☆☆☆☆
	☆☆☆☆☆
	☆☆☆☆☆

★ ★ ★ ★ ★ RATING ★ ★ ★ ★ ★

Food		☆☆☆☆☆
Service		☆☆☆☆☆
Ambience		☆☆☆☆☆
Cleanliness		☆☆☆☆☆
Authenticity		☆☆☆☆☆
Overall		☆☆☆☆☆

My Overall Thoughts

_____
_____
_____
_____
_____
_____
_____
_____
_____
_____

RESTAURANT

| Cuisine: | Hours: | Price Range: |

First Impressions

_____
_____
_____
_____
_____
_____

★ ★ ★ **FOOD ORDERED** ★ ★ ★

	☆☆☆☆☆
	☆☆☆☆☆
	☆☆☆☆☆
	☆☆☆☆☆
	☆☆☆☆☆
	☆☆☆☆☆
	☆☆☆☆☆
	☆☆☆☆☆

★★★★★ RATING ★★★★★

Food		☆☆☆☆☆
Service		☆☆☆☆☆
Ambience		☆☆☆☆☆
Cleanliness		☆☆☆☆☆
Authenticity		☆☆☆☆☆
Overall		☆☆☆☆☆

My Overall Thoughts

_____
_____
_____
_____
_____
_____
_____
_____
_____
_____
_____

RESTAURANT

| Cuisine: | Hours: | Price Range: |

First Impressions

___

★ ★ ★ FOOD ORDERED ★ ★ ★

	☆☆☆☆☆
	☆☆☆☆☆
	☆☆☆☆☆
	☆☆☆☆☆
	☆☆☆☆☆
	☆☆☆☆☆
	☆☆☆☆☆
	☆☆☆☆☆

★ ★ ★ ★ ★ RATING ★ ★ ★ ★ ★

Food		☆☆☆☆☆
Service		☆☆☆☆☆
Ambience		☆☆☆☆☆
Cleanliness		☆☆☆☆☆
Authenticity		☆☆☆☆☆
Overall		☆☆☆☆☆

My Overall Thoughts

_____
_____
_____
_____
_____
_____
_____
_____
_____
_____

RESTAURANT

| Cuisine: | Hours: | Price Range: |

First Impressions

★ ★ ★ **FOOD ORDERED** ★ ★ ★

	☆☆☆☆☆
	☆☆☆☆☆
	☆☆☆☆☆
	☆☆☆☆☆
	☆☆☆☆☆
	☆☆☆☆☆
	☆☆☆☆☆
	☆☆☆☆☆

★★★★★ RATING ★★★★★

Food		☆☆☆☆☆
Service		☆☆☆☆☆
Ambience		☆☆☆☆☆
Cleanliness		☆☆☆☆☆
Authenticity		☆☆☆☆☆
Overall		☆☆☆☆☆

My Overall Thoughts

_____

_____

_____

_____

_____

_____

_____

_____

_____

_____

RESTAURANT

| Cuisine: | Hours: | Price Range: |

First Impressions

_____
_____
_____
_____
_____
_____
_____

★ ★ ★ **FOOD ORDERED** ★ ★ ★

	☆☆☆☆☆
	☆☆☆☆☆
	☆☆☆☆☆
	☆☆☆☆☆
	☆☆☆☆☆
	☆☆☆☆☆
	☆☆☆☆☆
	☆☆☆☆☆

★ ★ ★ ★ ★ RATING ★ ★ ★ ★ ★

Food		☆☆☆☆☆
Service		☆☆☆☆☆
Ambience		☆☆☆☆☆
Cleanliness		☆☆☆☆☆
Authenticity		☆☆☆☆☆
Overall		☆☆☆☆☆

My Overall Thoughts

_____

_____

_____

_____

_____

_____

_____

_____

_____

_____

RESTAURANT

| Cuisine: | Hours: | Price Range: |

First Impressions

★ ★ ★ **FOOD ORDERED** ★ ★ ★

★ ★ ★ ★ ★ RATING ★ ★ ★ ★ ★

Food		☆☆☆☆☆
Service		☆☆☆☆☆
Ambience		☆☆☆☆☆
Cleanliness		☆☆☆☆☆
Authenticity		☆☆☆☆☆
Overall		☆☆☆☆☆

My Overall Thoughts

_____
_____
_____
_____
_____
_____
_____
_____
_____
_____

RESTAURANT

Cuisine:	Hours:	Price Range:

First Impressions

★ ★ ★ **FOOD ORDERED** ★ ★ ★

Item	Rating
	☆☆☆☆☆
	☆☆☆☆☆
	☆☆☆☆☆
	☆☆☆☆☆
	☆☆☆☆☆
	☆☆☆☆☆
	☆☆☆☆☆
	☆☆☆☆☆

★★★★★ RATING ★★★★★

Food		☆☆☆☆☆
Service		☆☆☆☆☆
Ambience		☆☆☆☆☆
Cleanliness		☆☆☆☆☆
Authenticity		☆☆☆☆☆
Overall		☆☆☆☆☆

My Overall Thoughts

_____
_____
_____
_____
_____
_____
_____
_____
_____
_____
_____
_____

RESTAURANT

| Cuisine: | Hours: | Price Range: |

First Impressions

_____
_____
_____
_____
_____
_____

★ ★ ★ FOOD ORDERED ★ ★ ★

	☆☆☆☆☆
	☆☆☆☆☆
	☆☆☆☆☆
	☆☆☆☆☆
	☆☆☆☆☆
	☆☆☆☆☆
	☆☆☆☆☆
	☆☆☆☆☆

★★★★★ RATING ★★★★★

Food		☆☆☆☆☆
Service		☆☆☆☆☆
Ambience		☆☆☆☆☆
Cleanliness		☆☆☆☆☆
Authenticity		☆☆☆☆☆
Overall		☆☆☆☆☆

My Overall Thoughts

_____
_____
_____
_____
_____
_____
_____
_____
_____
_____
_____

RESTAURANT

| Cuisine: | Hours: | Price Range: |

First Impressions

_____
_____
_____
_____
_____
_____
_____

★ ★ ★ FOOD ORDERED ★ ★ ★

	☆☆☆☆☆
	☆☆☆☆☆
	☆☆☆☆☆
	☆☆☆☆☆
	☆☆☆☆☆
	☆☆☆☆☆
	☆☆☆☆☆
	☆☆☆☆☆

★ ★ ★ ★ ★ RATING ★ ★ ★ ★ ★

Food		☆☆☆☆☆
Service		☆☆☆☆☆
Ambience		☆☆☆☆☆
Cleanliness		☆☆☆☆☆
Authenticity		☆☆☆☆☆
Overall		☆☆☆☆☆

My Overall Thoughts

_____

_____

_____

_____

_____

_____

_____

_____

_____

_____

RESTAURANT

| Cuisine: | Hours: | Price Range: |

First Impressions

★ ★ ★ FOOD ORDERED ★ ★ ★

	☆☆☆☆☆
	☆☆☆☆☆
	☆☆☆☆☆
	☆☆☆☆☆
	☆☆☆☆☆
	☆☆☆☆☆
	☆☆☆☆☆
	☆☆☆☆☆

★★★★★ RATING ★★★★★

Food		☆☆☆☆☆
Service		☆☆☆☆☆
Ambience		☆☆☆☆☆
Cleanliness		☆☆☆☆☆
Authenticity		☆☆☆☆☆
Overall		☆☆☆☆☆

My Overall Thoughts

_____
_____
_____
_____
_____
_____
_____
_____
_____
_____
_____

RESTAURANT

Cuisine:	Hours:	Price Range:

First Impressions

★ ★ ★ **FOOD ORDERED** ★ ★ ★

Item	Rating
	☆☆☆☆☆
	☆☆☆☆☆
	☆☆☆☆☆
	☆☆☆☆☆
	☆☆☆☆☆
	☆☆☆☆☆
	☆☆☆☆☆
	☆☆☆☆☆

★ ★ ★ ★ ★ RATING ★ ★ ★ ★ ★

Food		☆☆☆☆☆
Service		☆☆☆☆☆
Ambience		☆☆☆☆☆
Cleanliness		☆☆☆☆☆
Authenticity		☆☆☆☆☆
Overall		☆☆☆☆☆

My Overall Thoughts

_____

_____

_____

_____

_____

_____

_____

_____

_____

_____

RESTAURANT

| Cuisine: | Hours: | Price Range: |

First Impressions

_____
_____
_____
_____
_____
_____
_____

★ ★ ★ FOOD ORDERED ★ ★ ★

Food	Rating
	☆☆☆☆☆
	☆☆☆☆☆
	☆☆☆☆☆
	☆☆☆☆☆
	☆☆☆☆☆
	☆☆☆☆☆
	☆☆☆☆☆
	☆☆☆☆☆

★ ★ ★ ★ ★ RATING ★ ★ ★ ★ ★

Food		☆☆☆☆☆
Service		☆☆☆☆☆
Ambience		☆☆☆☆☆
Cleanliness		☆☆☆☆☆
Authenticity		☆☆☆☆☆
Overall		☆☆☆☆☆

My Overall Thoughts

_____

_____

_____

_____

_____

_____

_____

_____

_____

_____

_____

RESTAURANT

| Cuisine: | Hours: | Price Range: |

First Impressions

★ ★ ★ **FOOD ORDERED** ★ ★ ★

★★★★★ RATING ★★★★★

Food		☆☆☆☆☆
Service		☆☆☆☆☆
Ambience		☆☆☆☆☆
Cleanliness		☆☆☆☆☆
Authenticity		☆☆☆☆☆
Overall		☆☆☆☆☆

My Overall Thoughts

_____
_____
_____
_____
_____
_____
_____
_____
_____
_____

RESTAURANT

| Cuisine: | Hours: | Price Range: |

First Impressions

_____
_____
_____
_____
_____
_____

★ ★ ★ **FOOD ORDERED** ★ ★ ★

	☆☆☆☆☆
	☆☆☆☆☆
	☆☆☆☆☆
	☆☆☆☆☆
	☆☆☆☆☆
	☆☆☆☆☆
	☆☆☆☆☆
	☆☆☆☆☆

★ ★ ★ ★ ★ RATING ★ ★ ★ ★ ★

Food		☆☆☆☆☆
Service		☆☆☆☆☆
Ambience		☆☆☆☆☆
Cleanliness		☆☆☆☆☆
Authenticity		☆☆☆☆☆
Overall		☆☆☆☆☆

My Overall Thoughts

_____

_____

_____

_____

_____

_____

_____

_____

_____

_____

RESTAURANT

| Cuisine: | Hours: | Price Range: |

First Impressions

★ ★ ★ **FOOD ORDERED** ★ ★ ★

Item	Rating
	☆☆☆☆☆
	☆☆☆☆☆
	☆☆☆☆☆
	☆☆☆☆☆
	☆☆☆☆☆
	☆☆☆☆☆
	☆☆☆☆☆
	☆☆☆☆☆

★★★★★ RATING ★★★★★

Food		☆☆☆☆☆
Service		☆☆☆☆☆
Ambience		☆☆☆☆☆
Cleanliness		☆☆☆☆☆
Authenticity		☆☆☆☆☆
Overall		☆☆☆☆☆

My Overall Thoughts

_____
_____
_____
_____
_____
_____
_____
_____
_____
_____

RESTAURANT

| Cuisine: | Hours: | Price Range: |

First Impressions

_____
_____
_____
_____
_____
_____

★ ★ ★ FOOD ORDERED ★ ★ ★

Item	Rating
	☆☆☆☆☆
	☆☆☆☆☆
	☆☆☆☆☆
	☆☆☆☆☆
	☆☆☆☆☆
	☆☆☆☆☆
	☆☆☆☆☆
	☆☆☆☆☆

★ ★ ★ ★ ★ RATING ★ ★ ★ ★ ★

Food		☆☆☆☆☆
Service		☆☆☆☆☆
Ambience		☆☆☆☆☆
Cleanliness		☆☆☆☆☆
Authenticity		☆☆☆☆☆
Overall		☆☆☆☆☆

My Overall Thoughts

_____

_____

_____

_____

_____

_____

_____

_____

_____

_____

RESTAURANT

| Cuisine: | Hours: | Price Range: |

First Impressions

_____
_____
_____
_____
_____
_____
_____

★ ★ ★ FOOD ORDERED ★ ★ ★

	☆☆☆☆☆
	☆☆☆☆☆
	☆☆☆☆☆
	☆☆☆☆☆
	☆☆☆☆☆
	☆☆☆☆☆
	☆☆☆☆☆
	☆☆☆☆☆

★★★★★ RATING ★★★★★

Food		☆☆☆☆☆
Service		☆☆☆☆☆
Ambience		☆☆☆☆☆
Cleanliness		☆☆☆☆☆
Authenticity		☆☆☆☆☆
Overall		☆☆☆☆☆

My Overall Thoughts

_____
_____
_____
_____
_____
_____
_____
_____
_____
_____
_____

RESTAURANT

| Cuisine: | Hours: | Price Range: |

First Impressions

_____
_____
_____
_____
_____
_____
_____

★ ★ ★ FOOD ORDERED ★ ★ ★

	☆☆☆☆☆
	☆☆☆☆☆
	☆☆☆☆☆
	☆☆☆☆☆
	☆☆☆☆☆
	☆☆☆☆☆
	☆☆☆☆☆
	☆☆☆☆☆

★★★★★ RATING ★★★★★

Food		☆☆☆☆☆
Service		☆☆☆☆☆
Ambience		☆☆☆☆☆
Cleanliness		☆☆☆☆☆
Authenticity		☆☆☆☆☆
Overall		☆☆☆☆☆

My Overall Thoughts

_____
_____
_____
_____
_____
_____
_____
_____
_____
_____

RESTAURANT

| Cuisine: | Hours: | Price Range: |

First Impressions

★ ★ ★ **FOOD ORDERED** ★ ★ ★

	☆☆☆☆☆
	☆☆☆☆☆
	☆☆☆☆☆
	☆☆☆☆☆
	☆☆☆☆☆
	☆☆☆☆☆
	☆☆☆☆☆
	☆☆☆☆☆

★★★★★ RATING ★★★★★

Food		☆☆☆☆☆
Service		☆☆☆☆☆
Ambience		☆☆☆☆☆
Cleanliness		☆☆☆☆☆
Authenticity		☆☆☆☆☆
Overall		☆☆☆☆☆

My Overall Thoughts

_____
_____
_____
_____
_____
_____
_____
_____
_____
_____
_____

RESTAURANT

| Cuisine: | Hours: | Price Range: |

First Impressions

___
___
___
___
___
___

★ ★ ★ **FOOD ORDERED** ★ ★ ★

	☆☆☆☆☆
	☆☆☆☆☆
	☆☆☆☆☆
	☆☆☆☆☆
	☆☆☆☆☆
	☆☆☆☆☆
	☆☆☆☆☆
	☆☆☆☆☆

★★★★★ RATING ★★★★★

Food		☆☆☆☆☆
Service		☆☆☆☆☆
Ambience		☆☆☆☆☆
Cleanliness		☆☆☆☆☆
Authenticity		☆☆☆☆☆
Overall		☆☆☆☆☆

My Overall Thoughts

RESTAURANT

| Cuisine: | Hours: | Price Range: |

First Impressions

_____
_____
_____
_____
_____
_____

★ ★ ★ FOOD ORDERED ★ ★ ★

	☆☆☆☆☆
	☆☆☆☆☆
	☆☆☆☆☆
	☆☆☆☆☆
	☆☆☆☆☆
	☆☆☆☆☆
	☆☆☆☆☆
	☆☆☆☆☆

★ ★ ★ ★ ★ RATING ★ ★ ★ ★ ★

Food		☆☆☆☆☆
Service		☆☆☆☆☆
Ambience		☆☆☆☆☆
Cleanliness		☆☆☆☆☆
Authenticity		☆☆☆☆☆
Overall		☆☆☆☆☆

My Overall Thoughts

_____
_____
_____
_____
_____
_____
_____
_____
_____
_____

RESTAURANT

| Cuisine: | Hours: | Price Range: |

First Impressions

★ ★ ★ **FOOD ORDERED** ★ ★ ★

	☆☆☆☆☆
	☆☆☆☆☆
	☆☆☆☆☆
	☆☆☆☆☆
	☆☆☆☆☆
	☆☆☆☆☆
	☆☆☆☆☆
	☆☆☆☆☆

★ ★ ★ ★ ★ RATING ★ ★ ★ ★ ★

Food		☆☆☆☆☆
Service		☆☆☆☆☆
Ambience		☆☆☆☆☆
Cleanliness		☆☆☆☆☆
Authenticity		☆☆☆☆☆
Overall		☆☆☆☆☆

My Overall Thoughts

_____
_____
_____
_____
_____
_____
_____
_____
_____
_____
_____

RESTAURANT

| Cuisine: | Hours: | Price Range: |

First Impressions

___

★ ★ ★ **FOOD ORDERED** ★ ★ ★

Food	Rating
	☆☆☆☆☆
	☆☆☆☆☆
	☆☆☆☆☆
	☆☆☆☆☆
	☆☆☆☆☆
	☆☆☆☆☆
	☆☆☆☆☆
	☆☆☆☆☆

★ ★ ★ ★ ★ RATING ★ ★ ★ ★ ★

Food		☆☆☆☆☆
Service		☆☆☆☆☆
Ambience		☆☆☆☆☆
Cleanliness		☆☆☆☆☆
Authenticity		☆☆☆☆☆
Overall		☆☆☆☆☆

My Overall Thoughts

_____
_____
_____
_____
_____
_____
_____
_____
_____
_____
_____
_____

RESTAURANT

| Cuisine: | Hours: | Price Range: |

First Impressions

_____
_____
_____
_____
_____
_____

★ ★ ★ FOOD ORDERED ★ ★ ★

	☆☆☆☆☆
	☆☆☆☆☆
	☆☆☆☆☆
	☆☆☆☆☆
	☆☆☆☆☆
	☆☆☆☆☆
	☆☆☆☆☆
	☆☆☆☆☆

★★★★★ RATING ★★★★★

Food		☆☆☆☆☆
Service		☆☆☆☆☆
Ambience		☆☆☆☆☆
Cleanliness		☆☆☆☆☆
Authenticity		☆☆☆☆☆
Overall		☆☆☆☆☆

My Overall Thoughts

_____

_____

_____

_____

_____

_____

_____

_____

_____

_____

RESTAURANT

| Cuisine: | Hours: | Price Range: |

First Impressions

_____
_____
_____
_____
_____
_____

★ ★ ★ **FOOD ORDERED** ★ ★ ★

	☆☆☆☆☆
	☆☆☆☆☆
	☆☆☆☆☆
	☆☆☆☆☆
	☆☆☆☆☆
	☆☆☆☆☆
	☆☆☆☆☆
	☆☆☆☆☆

★★★★★ RATING ★★★★★

Food		☆☆☆☆☆
Service		☆☆☆☆☆
Ambience		☆☆☆☆☆
Cleanliness		☆☆☆☆☆
Authenticity		☆☆☆☆☆
Overall		☆☆☆☆☆

My Overall Thoughts

_____
_____
_____
_____
_____
_____
_____
_____
_____
_____

RESTAURANT

| Cuisine: | Hours: | Price Range: |

First Impressions

★ ★ ★ **FOOD ORDERED** ★ ★ ★

	☆☆☆☆☆
	☆☆☆☆☆
	☆☆☆☆☆
	☆☆☆☆☆
	☆☆☆☆☆
	☆☆☆☆☆
	☆☆☆☆☆
	☆☆☆☆☆

★★★★★ RATING ★★★★★

Food		☆☆☆☆☆
Service		☆☆☆☆☆
Ambience		☆☆☆☆☆
Cleanliness		☆☆☆☆☆
Authenticity		☆☆☆☆☆
Overall		☆☆☆☆☆

My Overall Thoughts

_____
_____
_____
_____
_____
_____
_____
_____
_____
_____
_____
_____
_____

RESTAURANT

| Cuisine: | Hours: | Price Range: |

First Impressions

★ ★ ★ FOOD ORDERED ★ ★ ★

	☆☆☆☆☆
	☆☆☆☆☆
	☆☆☆☆☆
	☆☆☆☆☆
	☆☆☆☆☆
	☆☆☆☆☆
	☆☆☆☆☆
	☆☆☆☆☆

★★★★★ RATING ★★★★★

Food		☆☆☆☆☆
Service		☆☆☆☆☆
Ambience		☆☆☆☆☆
Cleanliness		☆☆☆☆☆
Authenticity		☆☆☆☆☆
Overall		☆☆☆☆☆

My Overall Thoughts

_____
_____
_____
_____
_____
_____
_____
_____
_____
_____
_____

RESTAURANT

| Cuisine: | Hours: | Price Range: |

First Impressions

___

★ ★ ★ **FOOD ORDERED** ★ ★ ★

	☆☆☆☆☆
	☆☆☆☆☆
	☆☆☆☆☆
	☆☆☆☆☆
	☆☆☆☆☆
	☆☆☆☆☆
	☆☆☆☆☆
	☆☆☆☆☆

★★★★★ RATING ★★★★★

Food		☆☆☆☆☆
Service		☆☆☆☆☆
Ambience		☆☆☆☆☆
Cleanliness		☆☆☆☆☆
Authenticity		☆☆☆☆☆
Overall		☆☆☆☆☆

My Overall Thoughts

_____
_____
_____
_____
_____
_____
_____
_____
_____
_____
_____

RESTAURANT

| Cuisine: | Hours: | Price Range: |

First Impressions

★ ★ ★ **FOOD ORDERED** ★ ★ ★

	☆☆☆☆☆
	☆☆☆☆☆
	☆☆☆☆☆
	☆☆☆☆☆
	☆☆☆☆☆
	☆☆☆☆☆
	☆☆☆☆☆
	☆☆☆☆☆

★ ★ ★ ★ ★ RATING ★ ★

Food		☆
Service		☆☆
Ambience		☆☆☆☆☆
Cleanliness		☆☆☆☆☆
Authenticity		☆☆☆☆☆
Overall		☆☆☆☆☆

My Overall Thoughts

_____
_____
_____
_____
_____
_____
_____
_____
_____
_____
_____
_____

RESTAURANT

| Cuisine: | Hours: | Price Range: |

First Impressions

★ ★ ★ FOOD ORDERED ★ ★ ★

	☆☆☆☆☆
	☆☆☆☆☆
	☆☆☆☆☆
	☆☆☆☆☆
	☆☆☆☆☆
	☆☆☆☆☆
	☆☆☆☆☆
	☆☆☆☆☆

★★★★★ RATING ★★★★★

Food		☆☆☆☆☆
Service		☆☆☆☆☆
Ambience		☆☆☆☆☆
Cleanliness		☆☆☆☆☆
Authenticity		☆☆☆☆☆
Overall		☆☆☆☆☆

My Overall Thoughts

_____

_____

_____

_____

_____

_____

_____

_____

_____

_____

_____

RESTAURANT

| Cuisine: | Hours: | Price Range: |

First Impressions

_____
_____
_____
_____
_____
_____

★ ★ ★ **FOOD ORDERED** ★ ★ ★

	☆☆☆☆☆
	☆☆☆☆☆
	☆☆☆☆☆
	☆☆☆☆☆
	☆☆☆☆☆
	☆☆☆☆☆
	☆☆☆☆☆
	☆☆☆☆☆

★★★★★ RATING ★★★★★

Food		☆☆☆☆☆
Service		☆☆☆☆☆
Ambience		☆☆☆☆☆
Cleanliness		☆☆☆☆☆
Authenticity		☆☆☆☆☆
Overall		☆☆☆☆☆

My Overall Thoughts

_____
_____
_____
_____
_____
_____
_____
_____
_____
_____

RESTAURANT

| Cuisine: | Hours: | Price Range: |

First Impressions

★ ★ ★ **FOOD ORDERED** ★ ★ ★

	☆☆☆☆☆
	☆☆☆☆☆
	☆☆☆☆☆
	☆☆☆☆☆
	☆☆☆☆☆
	☆☆☆☆☆
	☆☆☆☆☆
	☆☆☆☆☆

★ ★ ★ ★ ★ RATING ★ ★ ★ ★ ★

Food		☆☆☆☆☆
Service		☆☆☆☆☆
Ambience		☆☆☆☆☆
Cleanliness		☆☆☆☆☆
Authenticity		☆☆☆☆☆
Overall		☆☆☆☆☆

My Overall Thoughts

RESTAURANT

Cuisine:	Hours:	Price Range:

First Impressions

___

★ ★ ★ FOOD ORDERED ★ ★ ★

	☆☆☆☆☆
	☆☆☆☆☆
	☆☆☆☆☆
	☆☆☆☆☆
	☆☆☆☆☆
	☆☆☆☆☆
	☆☆☆☆☆
	☆☆☆☆☆

★ ★ ★ ★ ★ RATING ★ ★ ★ ★ ★

Food		☆☆☆☆☆
Service		☆☆☆☆☆
Ambience		☆☆☆☆☆
Cleanliness		☆☆☆☆☆
Authenticity		☆☆☆☆☆
Overall		☆☆☆☆☆

My Overall Thoughts

_____
_____
_____
_____
_____
_____
_____
_____
_____
_____
_____
_____

RESTAURANT

| Cuisine: | Hours: | Price Range: |

First Impressions

★ ★ ★ **FOOD ORDERED** ★ ★ ★

	☆☆☆☆☆
	☆☆☆☆☆
	☆☆☆☆☆
	☆☆☆☆☆
	☆☆☆☆☆
	☆☆☆☆☆
	☆☆☆☆☆
	☆☆☆☆☆

★★★★★ RATING ★★★★★

Food		☆☆☆☆☆
Service		☆☆☆☆☆
Ambience		☆☆☆☆☆
Cleanliness		☆☆☆☆☆
Authenticity		☆☆☆☆☆
Overall		☆☆☆☆☆

My Overall Thoughts

_____
_____
_____
_____
_____
_____
_____
_____
_____
_____
_____

RESTAURANT

| Cuisine: | Hours: | Price Range: |

First Impressions

_____
_____
_____
_____
_____
_____

★ ★ ★ **FOOD ORDERED** ★ ★ ★

Food	Rating
	☆☆☆☆☆
	☆☆☆☆☆
	☆☆☆☆☆
	☆☆☆☆☆
	☆☆☆☆☆
	☆☆☆☆☆
	☆☆☆☆☆
	☆☆☆☆☆

★★★★★ RATING ★★★★★

Food		☆☆☆☆☆
Service		☆☆☆☆☆
Ambience		☆☆☆☆☆
Cleanliness		☆☆☆☆☆
Authenticity		☆☆☆☆☆
Overall		☆☆☆☆☆

My Overall Thoughts

_____
_____
_____
_____
_____
_____
_____
_____
_____
_____
_____
_____

RESTAURANT

| Cuisine: | Hours: | Price Range: |

First Impressions

_____
_____
_____
_____
_____
_____
_____

★ ★ ★ FOOD ORDERED ★ ★ ★

Item	Rating
	☆☆☆☆☆
	☆☆☆☆☆
	☆☆☆☆☆
	☆☆☆☆☆
	☆☆☆☆☆
	☆☆☆☆☆
	☆☆☆☆☆
	☆☆☆☆☆

★ ★ ★ ★ ★ RATING ★ ★ ★ ★ ★

Food		☆☆☆☆☆
Service		☆☆☆☆☆
Ambience		☆☆☆☆☆
Cleanliness		☆☆☆☆☆
Authenticity		☆☆☆☆☆
Overall		☆☆☆☆☆

My Overall Thoughts

_____
_____
_____
_____
_____
_____
_____
_____
_____
_____